# IMPORTANCE

DES

# PORTS DE BONIFACIO

ET DE

## SANTA-MANZA

PAR RAPPORT AU CHEMIN DE FER PROJETÉ EN CORSE

ET A LA NAVIGATION

PAR LE CANAL DE SUEZ.

AJACCIO
IMPRIMERIE A.-F. LECA.
1870.

## AVANT-PROPOS.

La visite dont la gracieuse souveraine de la France a bien voulu, il n'y a pas longtemps, honorer pour la seconde fois notre pays, nous ayant valu la promesse que le projet d'un chemin de fer en Corse recevra bientôt son exécution, nous nous croyons dès lors autorisé à exposer les raisons puissantes qui rattachent la ville et le port de Bonifacio à cette grande entreprise.

Afin de fixer l'attention du gouvernement de l'Empereur sur les conditions essentielles qui font de la ville et du port de Bonifacio la clef du chemin de fer projeté, nous en esquisserons la topographie, entre mêlée de quelques détails historiques pour en faire ressortir les principales saillies.

Bonifacio, la plus ancienne des villes existantes de la Corse, est peuplée de 3,518 habitants. (1)

Elle est bâtie sur une falaise en forme de presqu'île dominant la mer d'une hauteur de 60 mètres environ. Ce rocher a une longueur d'à peu près 900 mètres sur une largeur moyenne de 200.

(1) La population de Bonifacio s'élevait en 1420 à 8,000 habitants. Elle était de 5,000 en 1528, d'après Giustiniani et Marzolaccio.

La ville de Bonifacio présente l'aspect d'une citadelle grandement fortifiée ; elle est entourée de tous les côtés, excepté du côté qui regarde l'île de Sardaigne, par des remparts élevés sur des glacis escarpés qui surplombent sur divers points.

On pénètre dans la ville par deux portes. Une rampe muletière appuyée contre l'isthme de la falaise et dont la pente est de vingt-cinq pour cent environ, conduit à la plus ancienne de ces portes, pendant qu'une seconde rampe carrossable, passant au-dessus des maisons du faubourg qui sont placées sur la rive droite du port, arrive dans l'intérieur de la ville jusqu'à une petite place dite Fondaco, après avoir franchi la deuxième porte pratiquée dans l'escarpement du bastion St-Nicolas dont se trouve flanqué le côté Nord-Ouest de la place.

L'enceinte de Bonifacio mesure plus de 2 kilomètres de longueur ; elle est divisée en deux parties, séparées l'une de l'autre, par un mur crénelé qui couvre la partie de cette enceinte dénommée la citadelle, dans laquelle sont renfermés les principaux établissements militaires de la place, rappelant pour la plupart des faits glorieux de notre histoire nationale.

C'est tout d'abord l'escalier dit du roi d'Aragon pratiqué dans l'escarpement de la partie Sud de la falaise ; cet escalier présente une inclinaison de quarante cinq degrés environ et conduit, au moyen de 200 marches, du haut des remparts à la mer ; il est le souvenir vivant du siége mémorable que les Bonifaciens soutinrent en 1420, avec un courage spartiate, contre Alphonse V, roi d'Aragon (1).

La tour dénommée Torrione, à 35 mètres de hauteur sur 14 à 15 mètres de diamètre et des murs de 3 à 4 mètres d'épaisseur.

(1) V. Foglietta, *histoire de Corse*, l. 10e.
  Bracelli, *Des guerres Espagnoles*, l. 1.
  Giustiniani, *Annales de Gênes*. l. 5.

Cette tour, seul ouvrage restant de la forteresse Castellet (1), a été construite par le comte Boniface, au retour de son expédition contre les Maures d'Afrique.

L'église St-Dominique d'une belle architecture gothique avec une façade byzantine, le plus vaste monument religieux de la Corse, fut bâtie par les templiers en 1270 (2).

A côté de cette église est un couvent de Dominicains, occupé aujourd'hui par la gendarmerie. C'est dans ce logement que les voyageurs et les touristes visitent avec admiration la modeste chambre qu'occupa Napoléon I", alors lieutenant-colonel du régiment des volontaires du Liamone, commandé par Quenza de Portovecchio (3).

Nous ne saurions laisser plus longtemps dans l'oubli que Napoléon I", fit à Bonifacio ses premières armes contre deux frégates anglaises qu'il démâta d'un coup de canon pointé par lui-même au moment qu'elles faisaient croisière devant la place.

C'est à Bonifacio que Napoléon I" fut sauvé des mains homicides d'une bande de sans-culotte provençaux qui venaient de débarquer dans notre port.

C'est à Bonifacio que Napoléon I" organisa sous les ordres du général Cesari de Portovecchio, l'expédition de l'île de la Magdeleine (4) où l'on conserve précieusement une bombe lancée au moment du siège et qui tomba sans éclater sur

---

(1) V. Pietro Cirnéo, *Derebus Corsicis*.
(2) V. Giustin'ani, *Description de la Corse*.
(3) M. Quenza Frédéric, maire de Portovecchio, possède plusieurs lettres de service écrites par Napoléon Ier au colonel Quenza.
Mon aïeule maternelle me racontait souvent qu'elle avait eu plusieurs fois l'honneur de danser avec Napoléon Ier dans la maison de M. Coulier, alors officier comptable du régiment du Liamone.
(4) V. Ph. Carafa, *Mémoires du général Cesari, relatifs à l'expédition de Sardaigne*.

le parvis de l'église, après en avoir transpercé la voûte.

Parmi les autres établissements que la citadelle renferme, nous signalerons la caserne commencée en 1732 par les génois et achevée au moment de la conquête française; elle est la plus vaste entre toutes celles que renferment nos places fortes de la Corse :

Les silos, au nombre de quatre; trois autres sont situés dans la partie de l'enceinte occupée par la ville; ces sept silos peuvent contenir plus de 5,000 hectolitres de blé ;

L'escalier à hélix conduisant à une source d'eau potable qui existe au milieu de la grotte St-Barthélemy dont nous ferons plus loin la description.

Les établissements principaux situés dans la partie de l'enceinte occupée par la ville sont:

La belle église S<sup>te</sup>-Marie, construite en 1200 (1) par les Pisans; cette église, mélange d'architecture gothique et pisane est riche en marbres et en porphyres;

L'hospice civil, recevant en même temps les malades militaires, construit par ordre de Charlemagne (2);

La maison du comte Cattacciolo qui donna l'hospitalité à Charles-Quint, au retour de sa malheureuse expédition d'Alger, au moment où la tempête jeta le vaisseau de ce puissant monarque sur la côte du golfe de Santa-Manza.

Hors des murs d'enceinte de la ville de Bonifacio, se trouve son faubourg dont le nombre d'habitants est de 600, tous commerçants ou marins.

Ses maisons élevées de chaque côté de la rampe muletière qui conduit en ville, se prolongent en même temps à l'est et à l'ouest des quais qui bordent notre port par son côté méridional.

(1) V. Marzolaccio, *Histoire de Bonifacio.*
(2) V. Ch. Géry, conseiller d'État: Discours prononcé à Bastia à l'occasion de l'arrivée de S. M. l'Impératrice en Corse.

A deux kilomètres environ du faubourg, au fond d'un petit vallon dont la constitution géologique et la configuration démontrent d'une manière évidente que dans des temps plus ou moins éloignés de nous, il n'était que le prolongement de notre port actuel, nous rencontrons le vieux couvent St-Julien dont la première pierre fut posée en 1215 par St-François d'Assises sur l'emplacement même où la tempête jeta la galère qui le portait, à son retour des Calabres (1);

L'ermitage de la Trinité, propriété communale, ancienne abbaye, composé encore aujourd'hui d'une belle chapelle, d'un couvent occupé par des capucins et de quatre maisons.

Situé à 5 kilomètres de la ville, l'ermitage de la Trinité se trouve sur une plate-forme élevée à plus de 300 mètres au-dessus du niveau de la mer; il est complanté d'oliviers et de chênes verts plusieurs fois séculaires qu'abritent au Nord et Nord-Ouest une ceinture de rochers abruptes élevés à plus de 100 mètres du sol.

Lieu de vénération ou accourent en foule les fidèles de tout l'arrondissement de Sartene, cet ermitage est le site enchanteur où nos malades convalescents recouvrent très promptement les forces perdues pendant leur maladie.

Le territoire de Bonifacio est généralement calcaire. Il produit admirablement bien la vigne, tous les fruits du midi et surtout l'olivier, véritable richesse de la ville qui récolte en moyenne annuelle 5,000 hectolitres d'huile.

Ce territoire renferme en outre des produits botaniques et conchyliologiques nombreux et variés qui ont attiré l'attention de savants distingués tels que Moquin-Tandon, Requien d'Avignon, Peyraudeau, Victor Rendu, etc., etc.

Une baie profonde en forme de golfe, bordée du côté Nord

(1) V. Giustiniani, *Loc cit*.

par deux criques très profondes dénommées la Catena et l'Arinella, où peuvent se tenir à l'ancre plusieurs navires de haut bord, constitue le port de Bonifacio. Il mesure 1,800 mètres de long sur 75 mètres de large et présente à son entrée, 30 mètres de fond ; à l'endroit dénommé la Catena, 22 mètres ; au môle, 12 mètres et 8 mètres au mouillage.

Le port de Bonifacio, l'un des plus sûrs ancrages de la Méditerrannée, ressemble par sa configuration au port Mahon et présente comme lui une entrée accessible aux vaisseaux du plus haut bord. Il est borné au Sud par la falaise sur laquelle la ville est située ; au nord par une chaîne de plateaux élevés à plus de quarante mètres au-dessus de son niveau, l'encadrant, ainsi que le petit vallon au fond duquel se trouve le couvent St-Julien.

C'est à l'encadrement que lui font ainsi ces plateaux et la falaise, que le port de Bonifacio doit d'être un véritable point. Abri pour les navires du plus fort tonnage ; ce port se termine par un grand tablier sablonneux.

Plusieurs grottes sous-marines se trouvent placées à l'entrée du port de Bonifacio ; elles sont ornées de stalactites et de stalagmites présentant les plus belles nuances et imitant des bas-reliefs hiéroglyphiques avec autant d'art que s'ils étaient distribués par une main d'architecte.

L'une d'elles, la grotte St-Barthélemy, mérite d'être particulièrement mentionnée, à cause des travaux d'art que le génie militaire y a fait pratiquer.

Située au centre du rocher sur lequel est située la ville, et ne communiquant que d'une manière fort incomplète, par son côté Sud, avec la mer qui roule précipitamment ses vagues éclaboussantes sur les galets amoncelés à son entrée, cette belle grotte disposée en elypse allongée, ayant près de 300 mètres de surface sur une hauteur moyenne de 8 mètres environ, renferme à son centre un grand bassin d'eau légèrement saumâtre mais potable, dûe selon nous à une infiltration d'eau salée à travers les grandes couches calcaires qui constituent le piédestal de la falaise. Ce qui nous porte à croire que la constitution chimique de l'eau renfermée dans ce réservoir est telle, c'est l'oscillation de son niveau avec le mouvement de la marée; elle n'en est pas moins en état de pouvoir être utilisée pour les besoins journaliers de l'assiégé.

C'est sans doute à pareille fin que le génie militaire ayant fait forer sur trois mètres de diamètre, le rocher de la falaise, est arrivé jusqu'aux bords du bassin au moyen d'un escalier à hélix pratiqué dans l'épaisseur des parvis de ce trou de sonde et a fait arriver ses eaux dans la citadelle, à l'aide d'une pompe aspirante et foulante.

Telle est la notice topographique de la ville et du port de Bonifacio que nous avons cru devoir faire pour l'intelligence de la première partie de notre travail:

*Importance de la ville et du port de Bonifacio par rapport au projet d'un chemin de fer en Corse.*

# PREMIÈRE PARTIE.

# IMPORTANCE

## DE LA

## VILLE ET DU PORT DE BONIFACIO

### PAR RAPPORT AU

### CHEMIN DE FER PROJETÉ EN CORSE.

La construction d'un chemin de fer en Corse ne saurait être considérée comme une utopie, car le gouvernement d'Italie dont les intérêts ne sont pas aussi saillants que les nôtres a déjà la main à l'œuvre, pour un pareil travail dans l'île de Sardaigne, afin de rendre plus prompt le transport des produits industriels et agricoles de ce pays sur divers points d'embarquement pour le continent.

L'Italie n'a pas, comme la France, à sauvegarder l'Algérie, placée pour ainsi dire à ces portes ; elle n'a pas comme la France à activer les communications de cette grande colonie avec la métropole ; colonie qui deviendra comme du temps des Romains le grenier d'abondance de l'empire.

Des intérêts supérieurs à ceux de l'Italie vis-à-vis de la Sardaigne, convieront le gouvernement de l'Empereur à ordonner le plus tôt possible la construction d'un chemin de fer en Corse.

Et d'abord, à côté d'une plus grande facilité accordée au transport de nos produits industriels et agricoles vers les divers points d'embarquement présenté par la disposition côtière de notre île, nous rencontrons des intérêts d'un ordre plus élevée, tel que celui de créer un raccourcissement entre l'Algérie et le continent français, à l'aide d'une ligne ferrée passant à travers la côte orientale de la Corse depuis Bastia jusqu'à Bonifacio et se reliant avec celle qui partirait de Longo-Sardo et aboutirait à Cagliari (1).

Cette ligne profiterait d'une manière sensible aux transports des marchandises de la colonie vers la métropole ; et vice-versa ; activerait réciproquement sur ces deux points, l'arrivée de nos convois militaires et maritimes ; enfin, elle fournirait un raccourcissement très-avantageux au transbordement de la malle des Indes et des grands convois de marchandises venant de l'extrême Orient pour rayonner vers les grands ports de commerce de la France et de l'Italie. Ces dernières considérations attireront spécialement l'attention du gouvernement de l'Empereur.

Nous voulons bien reconnaître que les transports par chemin de fer deviennent plus coûteux que par mer ; nous reconnaîtrons aussi que, par un bon état de la mer, un bateau à vapeur chargé de marchandises ou un convoi militaire se rendant d'Afrique à Nice, à Toulon ou à Marseille transborderait aussi vite sur ces divers points que s'il faisait escale à Cagliari et que de là les produits de son chargement fussent expédiés à Bastia par la ligne ferrée orientale.

Pour bien reconnaître tout le bénéfice que tirerait la navigation de commerce ou de l'État par le parcours de la ligne de chemin de fer Sardo-Corse, il convient de tracer le tableau des distances qui séparent le point le plus rapproché de l'Algérie, de Marseille, Toulon et Nice : ce point serait Bône.

(1) V. Général Ferri Pisani, *Rapport au conseil général de la Corse.*
A Conti, *Projet d'un chemin de fer en Corse.*

La distance à parcourir entre Bône et Marseile est de 744 kilomètres ; elle est de 733 entre Bône et Toulon et enfin de 760 entre Bône et Nice.

Par un beau temps, un bâteau à vapeur emploie 50 heures pour se rendre de Bône à Marseille ; 48 heures pour se rendre à Toulon et 52 heures pour se rendre à Nice.

En étudiant ces mêmes parcours par Cagliari et la ligne ferrée Sardo-Corse, aboutissant à Bastia, nous trouvons que la distance entre Bône et Cagliari, est de 180 kilomètres ; la ligne de chemin de fer de Cagliari, à Longo-Sardo, de 220 kilomètres ; la distance qui sépare Longo-Sardo de Bonifacio, de 12 kilomètres ; la ligne ferrée qui s'étendrait depuis Bonifacio jusqu'à Bastia de 148 kilomètres ; le trajet de Bastia à Marseille de 410 kilomètres ; celui de Bastia à Nice de 259 kilomètres.

Un bateau à vapeur partant de Bastia emploie ordinairement 22 heures pour se rendre à Marseille ; 20 heures pour aller à Toulon, et 16 heures pour se rendre à Nice.

D'autre part il faudrait employer 16 heures pour parcourir la traversée de Bône à Cagliari ; 4 heures 35 minutes pour faire la ligne de chemin de fer Sarde ; 1 heure pour traverser le détroit de Bonifacio ; 3 heures 5 minutes pour parcourir la ligne ferrée Corse. (1)

En comptant 8 heures de retard, occasionné par les divers transbordements, nous trouvons que le parcours de Bône à Marseille par le chemin de fer Sardo-Corse, demanderait 54 heures 40 minutes, soit 4 heures 40 minutes de retard sur la ligne directe ; 52 heures 40 minutes de Bône à Toulon, et 48 heures 40 minutes de Bône à Nice.

Tel est le parallèle des divers distances séparant par la voie

(1) V. Conti. *Projet d'un chemin de fer en Corse.*

directe d'une part et la voie indirecte de l'autre, le point le plus rapproché de l'Algérie des trois ports principaux du continent français dans la Méditerranée.

Un pareil parcours est calculé d'après un bon état navigable de la mer ; mais cet état n'est-il pas le plus souvent exceptionnel ?

En effet, si les courants que renvoient dans la Méditerranée les passes de Gibraltar ; si les vents qui tourbillonnent continuellement dans le golfe du Lion, présentent la moindre intensité, ce qui a lieu les deux tiers de l'année, les arrivages dans les grands ports de France indiqués plus haut, seront retardés d'un grand nombre d'heures voire même de plusieurs jours.

En hiver surtout, ces retards constituent un état normal. En effet, nous voyons continuellement dans le courant de cette saison, des navires venant d'Afrique arrêtés dans nos parages et dans les parages de la Sardaigne par le mauvais état navigable de la mer qu'ils ne peuvent vaincre à cause de la grande ligne de mer qu'ils ont à parcourir pour se rendre dans nos ports du continent.

Il devient de la plus grande évidence qu'un navire pourra, n'importe par quel état de la mer, se rendre de Bône à Cagliari, de Longo-Sardo à Bonifacio, et de Bastia à Nice ; au lieu que, par un mauvais état de la mer, ce même navire ne pourra pas toujours faire la ligne directe ou ne la fera qu'en subissant un long retard dans la traversée.

Il nous parait donc tout à fait démontré que si d'une part, par un bon état navigable de la mer, cas la plupart du temps exceptionnel, les deux voies que nous venons de décrire offrent le même avantage, au point de vue du temps employé à les parcourir, tout avantage demeure exclusivement acquis à la voie ferrée Sardo-Corse, par un mauvais état navigable de la mer, état permanent d'une grande partie de l'année.

Quel dédommagement le commerce ou l'État ne trouverait-il pas dans le transit par la voie ferrée Sardo-Corse malgré qu'elle devienne plus coûteuse que la ligne de navigation directe ! Cette augmentation du prix de transport par la voie nouvelle sera largement compensée par les avantages immenses que retire la vente d'une marchandise arrivée sans retard ; les marchandises subissent toujours une grande baisse sur nos grandes places de commerce quand elles y arrivent après un cours de bourse déjà arrêté.

Aucun retard ne saurait exister en suivant le parcours de la ligne ferrée Sardo-Corso, tel que nous l'avons tracé plus haut.

Cette première raison d'être de notre lignée ferrée Sardo-Corse étant admise et reconnue d'une manière irréfragable, nous allons placer son existence en face des divers éléments d'entretien qui lui sont offerts par les nombreuses et riches localités assises sur son parcours et du raccourcissement qu'il offrira à la malle des Indes et aux convois maritimes venant de Suez pour être répartis entre les divers ports du continent français et italien.

Le chemin de fer qui devrait nécessairement longer la côte orientale depuis Bastia jusqu'à Bonifacio y rencontrerait les éléments suffisants de son entretien sans réclamer impérieusement le concours du transbordement des marchandises Franco-Algériennes ou Sardes.

Economie au point de vue de la construction; productions et industries capables de procurer à la compagnie concessionnaire un profit des plus sensibles; enfin pour le pays tout entier, prospérité et richesses fécondées de mieux en mieux chaque jour sous un sol merveilleusement productif, telles sont les raisons sérieuses qui nous portent à préférer le tracé de chemin fer de Bastia à Bonifacio à celui de Bastia à Ajaccio par Corte.

L'économie quant à la construction ressort d'une manière irrécusable de la nature même du terrain à parcourir.

Nullement accidentée sur son immense étendue depuis Bastia jusqu'à Bonifacio, la côte orientale n'a pas besoin de recevoir l'application du système Fell adopté sur le tracé de Bastia à Ajaccio par Corte.

Cette disposition privilégiée du terrain de la côte orientale établit sur celui qui constitue la ligne de Bastia à Ajaccio, une différence de 6,000,000 de francs dans la construction et de 40,000 francs dans celle d'un kilomètre (1).

Outre ce premier avantage, nous en signalerons d'autres fournis par le chiffre important des populations établies sur la côte orientale depuis Bastia jusqu'à Bonifacio; (2) par la richesse prodigieuse du sol de cette contrée; par les industries nombreuses et importantes qui y fonctionnent depuis longtemps; enfin, par les ports qui constituent son heureuse disposition côtière.

Les plaines de Migliacciaro et d'Aleria dont la production agricole effective représenterait celle de plusieurs départements si elles étaient assainies: (3) l'usine métallurgique de Solenzara; les stations minérales et thermales d'Orezza, de Pietra-Pola et de Puzzichello placées à une très-faible distance de la ligne orientale; la scierie mécanique de Georges-Ville près de Portovecchio; la grande exploitation de liége de

(1) V. Louis Nyer, *Mémoire sur le projet d'un chemin de fer en Corse*.
(2) Observations de la société d'agriculture de Bastia sur l'utilité d'un chemin de fer de Bastia à Ajaccio et sur la ligne qui doit être suivie.
(3) Rapport de la commission municipale de Bastia.

MM. Delarbre et Jacob; les 5,000 hectolitres d'huile récoltés annuellement à Bonifacio; les charbons et les bois de construction que livrent par millions de tonnes et de mètres cubes aux ports de Pinnarello, Portovecchio, S<sup>te</sup>-Lucie, Bonifacio et de Figari, les forêts immenses que desservent les routes forestières du Spedale et de Bavella, sont autant de sources intarissables de richesse s'écoulant aux abords de la côte orientale depuis Bastia jusqu'à Bonifacio. Ces immenses produits ne suffisent ils pas à alimenter la ligne de chemin de fer projeté?

En présence de toutes ces richesses éparses sur la côte orientale (1), nous osons espérer que le gouvernement de l'Empereur la dotera d'une ligne de chemin de fer de Bastia à Bonifacio, passant successivement par Aleria, Migliacciaro Solenzara et Portovecchio.

L'exécution de cette ligne ferrée se trouve donc intimement liée à tous ces avantages réels rencontrés sur place; au transit de l'Algérie par le chemin de fer Sardo-Corso; enfin, au transbordement de la malle des Indes et des grands convois de marchandises venant de l'extrême orient, pour rayonner vers les grands ports de commerce de la France et de l'Italie.

En effet, un navire venant de Suez opérerait plus promptement un transbordement de marchandises sur un port du continent français ou italien, s'il faisait escale à Bonifacio et que ces marchandises allassent à Bastia sur la ligne ferrée orientale, que s'il débarquait directement dans ces ports.

Nous ne saurions terminer cette partie de notre travail sans traiter la question de la gare qu'un avant-projet aurait assigné au village de Tivarello dans la plaine de Figari.

Outre le lacet qu'il faudrait faire de Portovecchio à Tivarello

(1) V. Observations de la société d'agriculture de Bastia.

pour aboutir à Bonifacio, lacet qui, tout en prolongeant la ligne de Bastia à Bonifacio de plus de 16 kilomètres, augmenterait de 640,000 francs la dépense totale de la construction et causerait un retard qui, quoique peu sensible, se ferait péniblement sentir sur les transports provenant de l'Algérie et du canal de Suez; le port de Figari parsemé de récifs et de bas fonds ne saurait supporter le parallèle avec le port de Bonifacio par rapport à la ligne de navigation de l'Algérie et celle des Indes à travers le canal de Suez. Situé à 18 kilomètres de Longo-Sardo, ce port ne saurait, même par un bon état de la mer, faire opérer en moins de 5 heures un débarquement sur ce point de la Sardaigne, pendant que cette opération serait faite en une heure de Bonifacio.

Au point de vue spécial de la navigation de Suez, le port de Figari perd toute importance devant celle légitimement et obligatoirement acquise au port de Bonifacio placé sur la grande ligne de passage qui conduit, à travers ce canal, dans les mers de l'extrême orient et offrant tout au moins les garanties nécessaires pour devenir un grand dépôt de charbons.

Sous le rapport de l'exploitation commerciale, industrielle et agricole, le port de Figari, situé en face de la plaine de ce nom, habitée par une population exclusivement agricole, bien moins importante que celle de Bonifacio, éparse dans un grand nombre de villages et de hameaux assez distants les uns des autres et subissant à période fixe l'émigration à cause de la *Malaria*, ce port, disons-nous, ne saurait d'aucune manière recevoir la gare en présence de celui de Bonifacio qui est d'une très-grande sûreté et permet aux navires du plus fort tonnage d'embarquer et de débarquer à quai n'importe par quel état de la mer.

Les immenses produits de la Corse, s'écoulent pour la plupart au dehors par les ports de Bastia, Pinnarello, Portovecchio, S¹ᵉ-Julie et de Bonifacio. La gare à Tivarello n'aurait donc pas de raison d'être. Elle devrait être établie à Bonifacio.

Nous avons pu recueillir à des sources très-certaines que la ligne de chemin de fer par la côte orientale de la Corse en faisant station à Portovecchio, pourrait de là aboutir très-facilement à l'endroit dénommé *Focce-dell'Era* où serait placée la gare, située à une très-petite distance de Bonifacio, sans subir de pentes sensibles, après avoir passé par le hameau de Comte les Strette d'Eresie, les autres hameaux de Chiova-d'Asino et de Poggio-d'Olmo, le Francolo, Acqua-d'Olee et Cardo.

Cette ligne de parcours que nous prions l'administration supérieure de prendre en considération a naguère fait l'objet d'une étude sommaire d'*Avant Projet*.

Nous osons espérer que le gouvernement de l'Empereur voudra bien apprécier toutes les raisons que nous avons l'honneur de lui soumettre au sujet de la construction d'une ligne ferrée qui relierait directement Bastia à Bonifacio, en passant par Aleria, Migliaciaro, Solenzara et Portovecchio.

# SECONDE PARTIE.

# IMPORTANCE
## DU PORT DE SANTA-MANZA
### PAR RAPPORT AU CANAL DE SUEZ
#### A LA STRATÉGIE MARITIME ET AU CHEMIN PROJETÉ EN CORSE.

L'importance qui se rattache au port de Santa-Manza par suite de l'ouverture du canal de Suez, ressort d'une manière évidente de sa position topographique.

Par celle-ci le port de Santa-Manza, se trouve placé à égale distance des mers d'occident et de l'extrême orient ; il devient le véritable point de relâche des navires qui retournent de ces mers : c'est l'endroit le plus favorable de la Méditerranée pour un grand dépôt de charbons.

Nous appelons toute l'attention du commerce maritime de l'Europe sur cette disposition topographique du port de Santa-Manza.

Par sa configuration des plus belles, le port de Santa-Manza est non-seulement un des mouillages les plus sûrs de la Méditerranée, mais encore le port militaire le mieux disposé pour la défense et pour l'offensive.

La sûreté de son mouillage que peuvent prendre les vaisseaux et les frégates à deux encablures de son rivage est spécialement due à son fond d'une profondeur moyenne de 25 à 30 mètres et dont la plus grande partie est parsemée d'herbiers sur lesquels les ancres se cramponnent d'une manière très-solide et ne peuvent chasser.

Le port de Santa-Manza est situé au fond d'une riche vallée dont les produits agricoles deviennent plus florissants de jour en jour, sous la main d'une pratique la mieux entendue et la plus soigneuse. Il est entouré de plateaux élevés et abruptes qui, en le dominant, sont autant de sentinelles en alerte prêtes à contrôler et à asseoir solidement sa défense.

Sur la rive droite, à 2 kilomètres environ de sa plage, le golfe de Santa-Manza présente un étang profond et poisonneux formant un bassin des plus naturels pour pouvoir être utilisé, à bien peu de frais, comme un des plus beaux chantiers de construction que possède la Méditerranée ; c'est l'étang de Stentino.

Le port de Santa-Manza commande toute la mer Tyrrhénienne. Son entrée large et évasée, faisant côte continue avec le reste de l'île, du côté du levant, devient, par suite de cette disposition côtière, un véritable point-abri pour tous les vents et permet à une flotte d'y pénétrer et d'en sortir en ligne, comme aux navires du plus fort tonnage d'y embarquer et débarquer à quai.

Sa ligne de défense est rendue très-facile, à cause des hauteurs rocailleuses qui le bordent en tous les sens et qui sont disposées en couronne autour de l'entrée de sa baie de fond constituant le vrai port dénommé Gurgazzo.

Une ceinture de canons rayés, placés sur les plateaux dénommés, *Cappicciolo, Rondinara, Capo-Bianco, Rocche-Bianche, Punta della Nave*, rendraient ce port inabordable par l'effet de l'immense faisceau de leurs feux croisés.

Une flotte cantonnée à Santa-Manza, commanderait la plus grande étendue des côtes occidentales de l'Italie, effacerait entièrement l'importance de la rade de la Magdeleine, où stationna long temps, pendant les guerres du premier empire, une division anglaise commandée par Nelson, laquelle tint pendant long temps bloquées nos belles escadres de Toulon.

La flotte de Santa-Manza serait d'autant plus inabordable qu'elle serait ravitaillée par Bonifacio dont la position grandement fortifiée souffrirait difficilement d'une attaque par terre ou par mer et pourrait se mettre facilement en communication avec elle au moyen de la route carrossable qui y conduit déjà sur un parcours de 6 kilomètres.

C'est dans de pareilles conditions, plus avantageuses les unes que les autres, que nous plaçons le port de Santa-Manza en face du canal de Suez.

Ce port est avant tout appelé à devenir pour la France, la sentinelle avancée de Toulon.

En effet, tenant sous sa main la rade de la Magdeleine, aucune division navale ennemie ne saurait plus y stationner dans le but de bloquer Toulon.

Dégagées de cet ennemi d'avant-garde, nos escadres de Toulon n'auraient nullement besoin d'être soutenues par une flotte d'observation dans le golfe d'Ajaccio.

C'est pour toutes ces raisons que nous considérons la flotte de Santa-Manza, comme l'avant-garde obligatoire de nos belles escadres de la méditerranée. Mais son rôle stratégique ne s'arrête pas là ; il lui en incombe un autre aussi important que le premier, celui de protéger nos grands convois militaires et maritimes vers les mers de l'extrême orient et celui encore de tenir en échec les escadres d'Italie, dans le cas, ce qu'à Dieu ne plaise, que nous aurions la guerre avec elle.

L'importance du port de Santa-Manza, se rattache d'une manière évidente et naturelle à la ligne de chemin de fer projeté en Corse.

En effet cette ligne ferrée ayant sa gare à Bonifacio fera du port de Santa-Manza, le convoyeur de nos transports militaires et maritimes entre l'Algérie et le continent français comme le point de raccourcissement entre Suez et ce même continent.

La courte distance qui sépare le port de Santa-Manza de la ligne ferrée longeant la côte orientale au point dit Balistra sur la route de Portovecchio, distance qui n'est que de 2 kilomètres environ, ne saurait être un obstacle pour faire aboutir un petit embranchement qui arriverait dans ce port.

Un dépôt de charbon à Santa-Manza deviendrait alors d'autant plus indiqué qu'il alimenterait non-seulement les convoyeurs vers Suez, mais encore en partie le chemin de fer de la côte orientale par les transports de ce combustible à Bastia et à Bonifacio.

Le port de Santa-Manza relié par le tronçon de Balistra avec le chemin de fer qui devrait longer la côte orientale depuis Bastia jusqu'à Bonifacio, deviendrait un véritable raccourcissement pour les navires venant de l'extrême orient et forcés par le mauvais état de la mer de relâcher dans ce port qui expédierait à Bastia par la ligne ferrée orientale et de là sur le continent français ou italien les produits de leur chargement.

MONTEPAGANO,
*Maire de Bonifacio, chevalier de l'ordre impérial de la légion d'honneur.*

Ajaccio. — Imp. A.-F. Loca.

www.ingramcontent.com/pod-product-compliance
Lightning Source LLC
Chambersburg PA
CBHW070455080426
42451CB00025B/2749